我爱读中文分级读物　第五级

侦 探 狗

阅读小帮手

北京大学出版社
PEKING UNIVERSITY PRESS

帮助你理解的问题

Questions for further understanding

1. 故事发生在什么时间和什么地方？
   What was the setting?

2. 故事里有哪些人物？他们有什么特点？
   Who are the characters in the story and what were they like?

3. 用自己的话把故事的主要情节从头到尾说一遍。
   Retell the main events in the story in order.

4. 故事里的人物遇到了什么问题？最后是怎么解决的？
   What was the problem in the story and how was it solved?

5. 故事里的人物为什么会那样做？
   Why do you think (pick a character) acted that way?

6. 从故事中选两个人物，说一说他们有什么相同（或不同）的地方。
   How were (name two characters) alike/different from each other?

7. 这个故事主要在说什么？
   What was the main idea in the story?

8. 这个故事让你想起了曾经做过的什么事或读过的什么故事？
   Does this story remind you of something you have done or read about?

9. 你觉得作者想要告诉大家什么道理？
   What was the author trying to tell the reader?

摘自 *DEVELOPMENTAL CONTINUUMS*

你可能不会的词语
Explanations to difficult words

1.	遍	biàn	all around
2.	不好意思	bù hǎoyìsi	shy
3.	彩带	cǎi dài	ribbon
4.	草垛	cǎoduò	haystack
5.	产奶	chǎn nǎi	to make milk
6.	答案	dá'àn	answer
7.	陡	dǒu	steep
8.	果冻	guǒdòng	jelly
9.	狠狠	hěnhěn	hard
10.	怀	huái	bosom
11.	欢呼	huānhū	to cheer, to hail
12.	浑身发抖	húnshēn fā dǒu	to be all of a tremble
13.	挤	jǐ	to huddle
14.	交朋友	jiāo péngyou	to make friends
15.	狡猾	jiǎohuá	sly
16.	金色	jīnsè	golden
17.	栏杆	lángān	fence
18.	懒洋洋	lǎnyángyáng	lazy, languid
19.	厉害	lìhai	terrible, severe

20. 亮闪闪	liàngshǎnshǎn	shiny
21. 裂	liè	to crack
22. 铃铛	língdang	bell
23. 搂	lǒu	to hug
24. 乱套	luàn tào	to turn things upside down
25. 轮胎	lúntāi	tyre
26. 毛茸茸	máoróngróng	fluffy
27. 明媚	míngmèi	sunny
28. 奶茶	nǎichá	tea with milk
29. 农夫	nóngfū	farmer
30. 破案	pò àn	to solve a case
31. 取暖	qǔnuǎn	to warm oneself (by a fire, etc.)
32. 晒太阳	shài tàiyáng	to bask in the sun
33. 山顶	shāndǐng	top of a hill
34. 生蛋	shēng dàn	to lay eggs
35. 守	shǒu	to keep watch
36. 竖	shù	to pick up (one's ears)
37. 田野	tiányě	field
38. 偷	tōu	to steal
39. 微弱	wēiruò	faint, weak

40.	闻	wén	to smell
41.	喜鹊	xǐquè	magpie
42.	线索	xiànsuǒ	clue
43.	小偷	xiǎotōu	thief
44.	醒	xǐng	to wake up
45.	雪怪	xuěguài	monster snowman
46.	寻找	xúnzhǎo	to look for
47.	沿	yán	along
48.	银色	yínsè	silvery
49.	印	yìn	print, mark
50.	迎接	yíngjiē	to meet
51.	照看	zhàokàn	to look after
52.	侦探	zhēntàn	detective
53.	只要……就……	zhǐyào……jiù……	so long as
54.	爪子	zhuǎzi	paw
55.	啄	zhuó	to peck

帮助你朗读的拼音

Annotated *pinyin* for reading out loudly

xuě zhōng de jiǎo yìn
1. 雪中的脚印

　　dōng tiān lái le　　xià xuě le　　nóng chǎng li de
　　冬 天 来 了 。下 雪 了 ，农 场 里 的
dòng wù men dōu jǐ zài yì qǐ qǔ nuǎn
动 物 们 都 挤 在 一 起 取 暖 。
　　dì èr tiān zǎo shang　　nǎi niú xǐng le　　cháo wài
　　第 二 天 早 上 ，奶 牛 醒 了 ，朝 外
mian de tián yě shang wàng guo qu
面 的 田 野 上 望 过 去 。
　　zhè shì shéi zài xuě dì shang liú xia de jiǎo
　　"这 是 谁 在 雪 地 上 留 下 的 脚
yìn　　tā wèn
印 ？"她 问 。
　　kě néng shì hú li　　huā māo shuō
　　"可 能 是 狐 狸 。"花 猫 说 。
　　bù kě néng zhè xiē jiǎo yìn tài dà le
　　"不 可 能 ，这 些 脚 印 太 大 了 。"
nǎi niú shuō
奶 牛 说 。
　　kě néng shì láng　　xiǎo mǎ shuō
　　"可 能 是 狼 ！"小 马 说 。
　　yě kě néng shì xuě guài　　mián yáng shuō
　　"也 可 能 是 雪 怪 ！"绵 羊 说 ，
tā xià de hún shēn fā dǒu　　xiàng guǒ dòng yí yàng
她 吓 得 浑 身 发 抖 ，像 果 冻 一 样 ，

"我不喜欢雪怪。"

"世界上根本就没有什么雪怪!"侦探狗说。

"可是,你看,到处都是脚印!"绵羊说。

"侦探狗,你一定要抓住这个怪物。"花猫说,"我们很害怕。"

"别害怕,花猫。我会找出是谁留下这些脚印的。"侦探狗说。

可是,那一天,奶牛不产奶了,母鸡不生蛋了,花猫也不抓老鼠了。动物们都吓坏了。

兔子钻进洞里不敢出来,连小马和绵羊都害怕得吃不下东西了。

农夫很不高兴。他的农场乱了套,可是他不知道该怎么办。

"动物们都怎么了?"他问侦探狗。

那天晚上,侦探狗守了一夜。早晨,他看到农夫走了出去。

侦探狗跟在农夫后面。侦探狗看见农夫穿上一双奇怪的鞋,然后才往雪地里走。

侦探狗走近了仔细查看。原来是那双鞋在雪地上留下了大脚印。侦探狗急忙跑回农场。

"是农夫的鞋!"他喊道,"他有一双可以在雪地上走路的鞋!根本没有什么雪怪!"

"太棒了,侦探狗!"动物们一起欢呼:"你是世界上最好的侦探!"

那一天,母鸡生了一个蛋,花猫抓了一只老鼠,奶牛也产了很多奶。

最重要的是,农夫也高兴了。那天的早餐,他吃上了鸡蛋,也喝上了奶茶。

侦探狗真是太棒了!

2. 小猫丢了

"我的小猫丢了。"花猫哭着说,"我该怎么办呀?"

"别担心,"侦探狗说,"我是侦探,我会帮你找到小猫的。"

侦探狗找遍了整个院子。他把头伸进养鸡房。

"走开!"母鸡狠狠地啄了一下侦探狗的鼻子。"小猫不在这里。"

可怜的狗!当个侦探真是不容易啊!

侦探狗好好儿想了想。它需要一点儿线索。

"你最后见到你的小猫是什么时候?"他问花猫。

"就在几分钟前。"花猫回答,"他们躺在拖拉机上的草垛上睡觉,所以我就去找吃的了。可是等我回来的时候,拖拉机就不见了!"花猫哭着说。

奶牛从栏杆上伸过头来,说:"农夫把拖拉机开走了。"

"哦!糟了!"花猫哭得更厉害了,"我再也见不到我的小猫了!"

"别着急。"侦探狗说。他吸了吸鼻子:"只要有一点儿线索,我就能找到他们。"

侦探狗低下头,看着地上留下的轮胎印。他在地上闻了闻。猫毛!他沿着轮胎印追了过去。

小马正在草地上吃草。"你有没有看见一辆拖拉机开过去?"侦探狗问。

小马点点头,朝左边望过去:"拖拉机朝那边开走了。"

兔子正在吃花。"你有没有看见一辆拖拉机开过去?"侦探狗问。

"看见了。"兔子朝田野的方向吸了吸鼻子,"拖拉机朝那边开走了。"

狐狸懒洋洋地躺在草地上晒太阳。"你有没有看见几只小猫在一辆拖拉机上?"侦探狗问。

"怎么了?"狐狸笑着问,一副狡猾的样子。

"没什么。"侦探狗说,"我自己可以找到他们。"

侦探狗沿着轮胎印追到一大片草地上,可是他只看到了几个大草垛。拖拉机已经开走了!侦探狗失望地用爪子抱住头。

突然,侦探狗听见了一个微弱

的声音——"喵！喵！"他竖起耳朵，沿着声音走过去。是小猫！原来他们从草垛上掉下来了。

侦探狗把小猫带回了农场。花猫高兴极了。

"我们为侦探狗欢呼吧！"花猫叫道，"他是世界上最棒的侦探！"

3. 被偷走的蛋

太阳升起来了，照着农场。突然，远处传来一个很大的声音。

"嘎！嘎！嘎！有人偷了我的蛋！"白鹅哭喊着。

侦探狗竖起耳朵，他知道自己又该去破案了。

他跑到白鹅的窝边查看,窝里空空的。

"别激动,白鹅,"侦探狗说,"我会找到你的蛋的。"

侦探狗先围着农场找了一圈,可是没找到鹅蛋。

然后他去找花猫。"你看见白鹅的蛋了吗?"他问花猫。

"没有,"花猫说,"但是我听喜鹊对白鹅说过,她做窝时选错地方了。"

"这是什么意思?"侦探狗问。

"别问我,"花猫说,"我不是鸟,我不会做窝。"

侦探狗一直在想:喜鹊的话是什么意思?

侦探狗又回去查看白鹅的窝。

侦探狗很快就找出了问题。喜鹊是对的。白鹅选错了地方,把窝做在很陡的山顶上了。鹅蛋一定是滚下了山!

侦探狗在鹅窝里放了一块圆石头。石头开始往山下滚。

嘭!石头打到了正坐在窝里的鸭子身上。

"嘎!嘎!"鸭子叫着跳起来。她的窝里躺着一个白色的大鹅蛋。

"你这个小偷!"白鹅叫道,"你偷了我的蛋!"

"我没有偷你的蛋!"鸭子叫道,"我在窝边发现了它,就一直在照看它。"

"安静！安静！"侦探狗说，"鸭子没有偷你的蛋，白鹅。你做窝时选错了地方。鹅蛋是自己从山上滚下来的。"

突然，大家听到一个很大的声音——"啪"。鹅蛋裂开了，一只毛茸茸的小鹅出来了！

"我的宝贝！"白鹅叫起来。她把小鹅搂在怀里。

"对不起，我不该说你是小偷。"白鹅对鸭子说，"谢谢你照看我的蛋。"

"也谢谢你，侦探狗，"白鹅说，"你是世界上最聪明的侦探。"

"嘎！"小鹅也开心地叫起来。

4. 亮闪闪的线索

这是一个阳光明媚的早晨。农场里所有的动物都在吃早餐。

"谁把这根彩带放在了我的门上?"小马问。

"我的窝里也有一个亮闪闪的彩带,"母鸡说。"这是从哪里来的?"

"我觉得这是别人送给你们的礼物。"侦探狗说。

"是谁呢?"小马和母鸡问。

"我是侦探,"侦探狗说,"我会找到这个人的。"

侦探狗去找奶牛。奶牛的脖子上挂着一个银色的铃铛。

"是不是有人送给你礼物了？"侦探狗问。

"我也收到了一个礼物。"绵羊说，她嘴里叼着一朵红花。

这时侦探狗看见花猫正在追一个金色的球。

侦探狗仔细想了想。所有的礼物都很小，而且亮闪闪的。这应该是一个线索。

"喜鹊喜欢亮闪闪的小东西，"侦探狗说，"一定是她！"

"可是她从来没有跟我们说过话，"花猫说，"她为什么要给我们送礼物呢？"

"这就是我要寻找的答案。"侦探狗说。

侦探狗去找喜鹊。他找遍了所有的地方。他必须找到答案。

在回农场的路上，侦探狗发现，路上有一些又小又亮的东西。沿着这条线索，侦探狗来到了一棵大树下。喜鹊的窝就在大树上。

"你好，喜鹊！"侦探狗叫道，"是你给大家送的礼物吗？"

"是的，"喜鹊回答，"我想交朋友，可是我不好意思跟他们说话。"

"我们也想跟你交朋友，"侦探狗说，"你为什么不在农场里做窝呢？"

"可以吗？"喜鹊问。"当然可

以。"侦探狗回答。

农场里所有的动物都来迎接喜鹊。"谢谢你送给我们的礼物,"他们说,"我们也给你准备了一个礼物。"

动物们把自己的毛当作礼物送给喜鹊,有羊毛、猫毛、马毛,还有羽毛。

喜鹊在农场里做了一个漂亮的新窝。

"多谢你找到我,侦探狗!"喜鹊说,"你是世界上最棒的侦探!"